essentials

Essentials liefern aktuelles Wissen in konzentrierter Form. Die Essenz dessen, worauf es als „State-of-the-Art" in der gegenwärtigen Fachdiskussion oder in der Praxis ankommt. Essentials informieren schnell, unkompliziert und verständlich

- als Einführung in ein aktuelles Thema aus Ihrem Fachgebiet
- als Einstieg in ein für Sie noch unbekanntes Themenfeld
- als Einblick, um zum Thema mitreden zu können

Die Bücher in elektronischer und gedruckter Form bringen das Expertenwissen von Springer-Fachautoren kompakt zur Darstellung. Sie sind besonders für die Nutzung als eBook auf Tablet-PCs, eBook-Readern und Smartphones geeignet.

Essentials: Wissensbausteine aus den Wirtschafts, Sozial- und Geisteswissenschaften, aus Technik und Naturwissenschaften sowie aus Medizin, Psychologie und Gesundheitsberufen. Von renommierten Autoren aller Springer-Verlagsmarken.

Alexandra V. Seyfang

Das Bachelorstudium in den USA

Step by Step zur erfolgreichen Bewerbung

Alexandra V. Seyfang
München
Deutschland

ISSN 2197-6708 ISSN 2197-6716 (electronic)
essentials
ISBN 978-3-658-08909-2 ISBN 978-3-658-08910-8 (eBook)
DOI 10.1007/978-3-658-08910-8

Die Deutsche Nationalbibliothek verzeichnet diese Publikation in der Deutschen Nationalbibliografie; detaillierte bibliografische Daten sind im Internet über http://dnb.d-nb.de abrufbar.

Springer Gabler
© Springer Fachmedien Wiesbaden 2015

Grafikdesign: Leon Schlechtriem Interaktionsgestatler info@leon-schlechtriem.de

Gedruckt auf säurefreiem und chlorfrei gebleichtem Papier

Springer Fachmedien Wiesbaden ist Teil der Fachverlagsgruppe Springer Science+Business Media
(www.springer.com)

Was Sie in diesem Essential finden können

- Einen Vergleich zwischen dem deutschen und dem US-amerikanischem Universitätssystem
- Erklärungen zu den unterschiedlichen Bewerbungsstandteilen für einen Bachelor in den USA
- Eine ausführliche Step by Step Anleitung mit gelungenen Beispielen

Vorwort

Liebe Leserinnen und Leser,

nachdem ich die letzten beiden Jahre meiner Gymnasialzeit in den USA verbracht hatte, wurde ich von Freunden und Bekannten immer wieder nach Bewerbungstipps für ein Bachelorstudium in den USA gefragt. Wir Deutschen sind ein recht simples System gewohnt – meist müssen Studienbewerber nur ihre Noten einreichen und vielleicht ein paar Angaben über studienrelevante Aktivitäten machen. Das US-Bewerbungsverfahren lässt sich allerdings nicht so leicht zusammenfassen. Die Antworten auf die Anfragen zum Bachelor in den USA sprengen bei weitem die Kapazität von E-Mail-Antworten; zudem existiert aktuell fast nur veraltete Literatur zum Bewerbungsverfahren. Daher habe ich mich entschlossen, diesen Praxisleitfaden zu verfassen. Das erste Kapitel beschreibt die Unterschiede zwischen dem deutschen und dem US-amerikanischen Studentenleben. Das zweite Kapitel erläutert die einzelnen Bestandteile einer US-Bewerbung. Im letzten Kapitel folgt eine ausführliche Step by Step Anleitung, die detailliert durch die einzelnen Bewerbungsschritte führt. Ich hoffe, dass Ihnen die Erklärungen und Einsichten bei der Vorbereitung helfen und wünsche Ihnen viel Erfolg bei der Bewerbung!

München, im Frühjahr 2015   Alexandra V. Seyfang

Inhaltsverzeichnis

Studieren in den USA

Die Unterschiede zum deutschen Studentenleben

1

> Studieren in den USA klingt natürlich erst mal wie ein Traum. Wie in den Filmen aus den bekannten Traumfabriken versprechen sich viele Jugendliche ein Campus-Leben voller Partys, Spaß und nicht zuletzt auch eine sehr erfolgversprechende Ausbildung. Nach einem Abschluss in den USA stehe einem die ganze Welt offen, so scheint es. Natürlich haben all diese Bilder eines Bachelorstudiums in den USA ihre Berechtigung, aber damit wirklich jeder einzelne für sich entscheiden kann, ob das Studentenleben in den USA für ihn die richtige Wahl darstellt, sollten sich potenzielle Bewerber vor allem mit dem US-amerikanischen Studiensystem und den Unterschieden zum deutschen Studentenleben auseinandersetzen.

1.1 Wichtige Formalitäten

Um das US-amerikanische Universitäts- und Bewerbungssystem richtig zu verstehen, ist die Erläuterung einiger Grundbegriffe und Unterschiede unerlässlich.

1.1.1 Aufbau der Universitäten

Während in Deutschland Universitäten nach Fakultäten (vgl. Abb. 1.1) aufgeteilt werden, sind US-amerikanische Hochschulen zunächst nach Abschlüssen organisiert (vgl. Abb. 1.2). Für den Bachelorabschluss haben die Universitäten jeweils ein eigenes College eingerichtet, für die der Bewerbungsprozess im zweiten Teil dieses Ratgebers vorgestellt wird. An den sogenannten Graduate Schools erwerben die Studierenden dagegen Master und Doktortitel.

© Springer Fachmedien Wiesbaden 2015
A. V. Seyfang, *Das Bachelorstudium in den USA*, essentials,
DOI 10.1007/978-3-658-08910-8_1

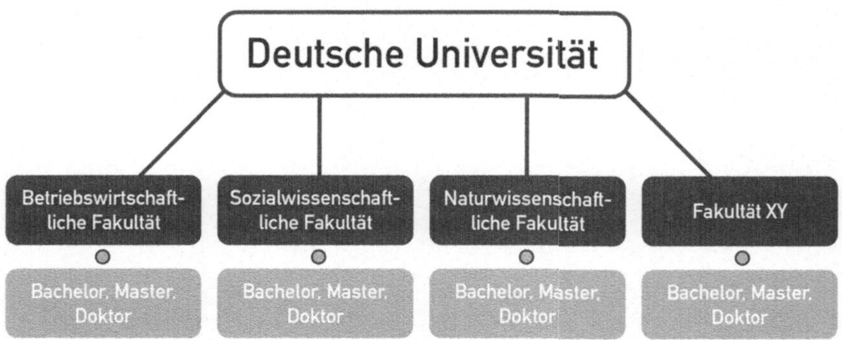

Abb. 1.1 Aufbau deutscher Universitäten

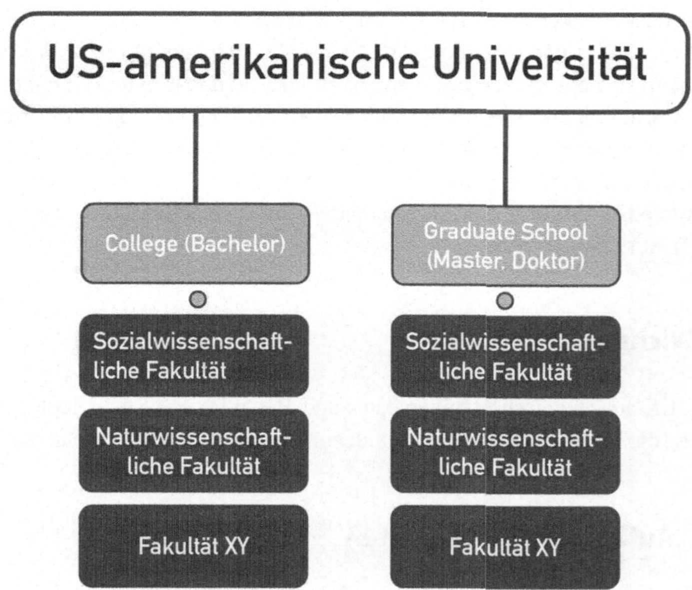

Abb. 1.2 Aufbau US-amerikanischer Universitäten

1.1.2   Akademischer Kalender

In Deutschland teilt sich das Studienjahr in Winter- und Sommersemester, welche jeweils von Oktober bis Februar bzw. April bis Juli dauern. Das US-amerikanische Hochschuljahr teilt sich in Herbst- und Frühlingssemester, die jeweils von Ende August bis Ende Dezember bzw. Ende Januar bis Ende Mai andauern (Abb. 1.3).

Nach Aufnahme am College erwarten den Bacheloranwärter vier Jahre Studienleben. Während der Studienstatus in Deutschland mithilfe der Semesterzahl angegeben wird, gelten in den USA die folgenden Bezeichnungen (Tab. 1.1):

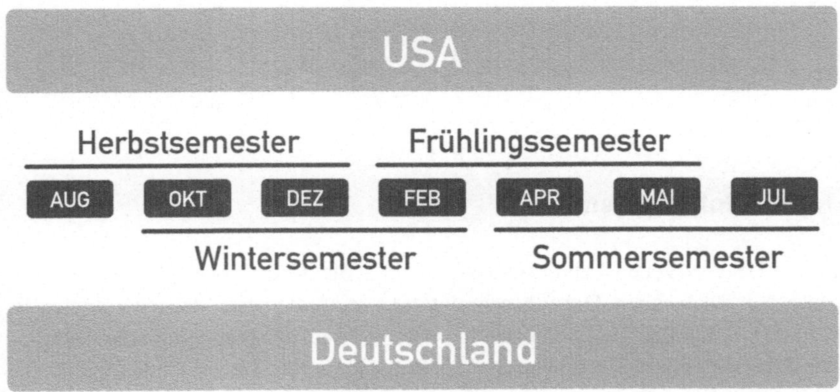

Abb. 1.3 Aufteilung des Studienjahrs in Deutschland und den USA

Tab. 1.1 Bezeichnung der Studierenden in den Collegejahren

Zeitpunkt des Collegebesuchs	Bezeichnung
1. Jahr	Freshman
Sommer zwischen 1. und 2. Jahr	Rising Sophomore
2. Jahr	Sophomore
Sommer zwischen 2. und 3. Jahr	Rising Junior
3. Jahr	Junior
Sommer zwischen 3. und 4. Jahr	Rising Senior
4. Jahr	Senior

Tab. 1.2 Notensystem und Konvertierung. (Quelle: http://www.collegeboard.com/html/academicTracker-howtoconvert.html, Zugriff am 31.10.2014)

US-Note in Buchstabenform	US-Äquivalent auf der 4.0-Skala	Deutsches Äquivalent
A+	4.0	1.0
A	4.0	1.0
A-	3.7	1.25
B+	3.3	1.75
B	3.0	2.0
B-	2.7	2.25
C+	2.3	2.75
C	2.0	3.0
C-	1.7	3.25
D+	1.3	3.75
D	1.0	4.0
E/F	0.0	5.0/6.0

1.1.3 Notensystem

In den USA vergeben Lehrer, Dozenten und Professoren Noten üblicherweise in Form von Buchstaben. Dabei beschreibt die Note A die beste, danach kommen B, C und D. Schließlich befinden sich am unteren Ende der Notenskala die Buchstaben E oder F, mit deren Bewertung der Prüfling nicht mehr bestanden hat. Diese Noten lassen sich folgendermaßen zu der US-amerikanischen 4.0-Skala und dem deutschen Zahlensystem umwandeln (Tab. 1.2).

Der wichtige Notendurschnitt, in den USA „Grade Point Average" (GPA) genannt, ist somit am besten, wenn der Studierende eine glatte 4.0 erreicht.

1.1.4 Studiengebühren

Während die deutschen Bundesländer die Studiengebühren nach und nach wieder abgeschafft haben, sind an US-Colleges horrende Studiengebühren durchaus an der Tagesordnung. Diese belaufen sich üblicherweise auf ca. $ 60.000 pro Studienjahr. Da auch US-amerikanische Familien mit der Finanzierung dieser Summen Probleme haben, hat jedes College eine Abteilung für „Financial Aid" eingerichtet (siehe Abschn. 2.1.9 Financial Aid). Zur Studienfinanzierung können potenzielle Bewerber auch Stipendien in Erwägung ziehen, die entweder die Colleges selbst oder deutsche Stiftungen anbieten.

Private Universitäten und Hochschulen in Deutschland verlangen teils ähnlich hohe Studiengebühren wie US-amerikanische. Trotzdem finden sich die meisten in finanziellen Schwierigkeiten wieder, weil viele Studierende sich diese Beträge nicht leisten können und private Institute in Deutschland weniger Spenden als in den USA erhalten. Die fehlende Unterstützung basiert auf gesellschaftlichen Unterschieden: Während in den Vereinigten Staaten Privatuniversitäten ganz normal und vielleicht sogar anerkannter als öffentliche sind, haben deutsche oft Probleme mit der Wahrnehmung als Elite-Einrichtung, an der Reiche sich ihren Abschluss kaufen können.

1.2 Dauer und Fokus des Studiums

In Deutschland bewerben sich Studienanwärter für ein bestimmtes Bachelorstudium, das meist drei Jahre benötigt. In den USA bewerben sich die Anwärter zunächst für ein College, nicht für einen Studiengang. Während des Bachelorstudiums in den Vereinigten Staaten sind die Studierenden nicht nur auf Fächer ihres gewünschten Studienfaches beschränkt, sondern besitzen in der Kurswahl auch Freiheiten. Daher benötigt das Bachelorstudium in den USA vier Jahre. Erst nach ein bis zwei Jahren, wenn Studierende die Möglichkeit hatten, einige Kurse verschiedener Fachrichtungen auszuprobieren, müssen sie sich auf einen „Major" (Studienhauptfach) und bei Bedarf auch auf einen „Minor" (Studiennebenfach) festlegen.

Die meisten Colleges vertreten dabei einen „Liberal Arts"-Ansatz. Dies bedeutet, dass die Institutionen ihre Studenten nicht nur in deren jeweils eigenen Fächern und Spezialgebieten bilden, sondern ihnen auch ein breites Allgemeinwissen in verschiedenen Bereichen vermitteln möchten. Bei vielen Colleges gibt es sogar Vorgaben, die den Studierenden vorschreiben, während ihrer vier Jahre dort mindestens einen Kurs der Natur-, Sozial-, oder Geisteswissenschaften oder eines ähnlichen wissenschaftlichen Grundzweiges zu besuchen. Diese Bedingungen unterscheiden sich allerdings enorm von College zu College. Daher heißt es vor der Bewerbung: Gut recherchieren und Programme wählen, die zu den eigenen Interessen und dem angestrebten Lebensweg passen.

Zwei extreme Beispiele für die Vorgaben eines Liberal Arts Colleges geben die beiden Ivy League Universitäten (siehe Abschn. 3.1.3 Die Ivy League Universitäten) Brown und Columbia ab. Während Brown auf jegliche Vorgaben verzichtet und so als eines der freiesten Colleges gilt, hat Columbia eines der strengsten „Core Curriculums" (Grundbildungscurriculum) der ganzen USA. Durch diese Columbia-spezifischen Kursvorgaben sehen sich die Freshmen einem zumeist schon voll durchgeplanten Stundenplan gegenüber, der sie in Kurse aller Fachrichtungen schickt.

Ein weiterer wichtiger Vorteil des Liberal-Arts-Prinzips stellt die Möglichkeit dar, einen Kurs auszuprobieren, bevor der Student sich gleich für ein ganzes Studienfach entscheiden muss. Das vermindert die Unsicherheiten bei den immer jünger werdenden Studienanfängern und reduziert somit die Zahl der Studienabbrecher und Fachwechsler.

1.3   Kursleben und Kommilitonen

In Deutschland sind die Vorlesungen meist überfüllt; der einzelne Student erfährt wenig Interaktion mit dem Professor selbst. Der Lernprozess beruht vor allem auf Selbstständigkeit; in manchen Kursen existiert nicht einmal eine Anwesenheitspflicht.

In den USA kommt es dies bezüglich sehr auf das jeweilige Fach und College an. Beliebte Vorlesungen und Einführungskurse sind natürlich groß und voll, für diese gilt Ähnliches wie in Deutschland. Doch an kleinen Colleges und in spezifischeren Kursen gibt es oftmals nur zehn bis 20 Kursteilnehmer. Diese Nähe erhöht die Interaktion mit den Dozenten. Es wird auch strenger auf die Anwesenheit geachtet.

Während deutsche Universitäten ihre Studenten meist nur auf Grundlage der Abiturnoten auswählen, sitzt ein Student an US-amerikanischen Colleges neben sorgfältig ausgesuchten Kommilitonen, die auf dem Niveau des Colleges sind und hervorragend in das Studienklima passen. Oft heißt es von den Elitecolleges, dass die Studierende sie nicht wegen ihrer herausragenden Lehre besuchen, sondern wegen der einzigartigen Mitstudierenden, von deren Sichtweise und Erfahrungen sie viel lernen können.

Private Universitäten und Hochschulen in Deutschland wählen ihre Studenten meist auch auf Grundlage von Noten und persönlichen Gesprächen aus. Die Kurse dieser Institute bestehen oft aus nur 20–25 Kommilitonen.

Achtung, das Studium an einem US-amerikanischen Elite-College bedeutet keineswegs ein höheres Lehrniveau als an normalen deutschen Universitäten im Bachelor! Oftmals gilt der Leitsatz, dass man mit einer Annahme an einer Eliteschule schon die größte Hürde überwunden hat. Denn die Absolventen gerade dieser Colleges wollen natürlich perfekte Notendurchschnitte (GPA) erzielen, und auch die Colleges selbst haben wegen ihres guten Rufes Interesse daran, möglichst viele Absolventen mit exzellenten Noten auf den Arbeitsmarkt zu schicken. Daher entsteht oft eine sogenannte „grade inflation", also Noteninflation.

Den herausragenden Ruf, den die US-Universitäten weltweit genießen, erarbeiten sie sich durch Fortschritte und Innovationen im Bereich der Forschung. Diese findet vor allem in den

Graduate Schools statt. Böse Zungen behaupten sogar, dass manche Universitäten durch ihr Collegeangebot mit den horrenden Studiensummen für die Bachelorstudenten vorranging Kosten für die rankingrelevante Forschung decken wollen.

1.4 Studentenleben und Freizeit

In Deutschland leben Studierende meist in einer eigenen Wohnung, WG oder im Studentenwohnheim. Dort müssen sie sich selbst um den täglichen Haushalt – Einkauf, Kochen, Putzen, Miete, Versicherungen, Arztbesuche, Gestaltung ihrer Freizeit und Ähnliches – kümmern.

Die Norm in den USA ist das Campusleben. Collegestudenten leben auf der Anlage der Universität in verschiedenen Häusern. Dort teilen sie sich ihr Zimmer zumeist mit mindestens einer Person, Bäder oft sogar mit ca. 20 anderen Kommilitonen. Eine Putzkolonne übernimmt in der Regel das Säubern der öffentlichen Räume (wie z. B. Bad, Studierzimmer), gegessen wird in der Kantine. Dank dieser internatsähnlichen Regelungen brauchen Studierende in den USA sich nicht um einen eigenen Haushalt zu kümmern. Die Miete und Versicherungskosten sind im Allgemeinen in den Semestergebühren enthalten. Auch das Privatleben findet auf dem Campus statt: Studierende finden Nebenjobs zumeist in kleinen campuseigenen Cafés und Shops. Das College organisiert alle Freizeitaktivitäten, zum Beispiel Sportgruppen, Orchester, Leseclubs, Debattierclubs, politische Clubs etc. Daher begegnen Studierende während ihrer Studienzeit fast ausschließlich ihren Kommilitonen. Oft werden US-amerikanische Campus als von der Außenwelt abgeschnittene Blasen beschrieben. Auch hier kommt es jedoch wieder auf das einzelne College und seine Lage bzw. Nähe zur nächsten Stadt an.

US-amerikanische Campuspartys erscheinen deutschen Jugendlichen vielleicht etwas befremdlich. Da in den USA Alkohol erst ab 21 legal ist, stellt das College für viele die erste Möglichkeit dar, Alkohol zu trinken, ohne dass ihre Eltern diesen Gesetzesverstoß mitbekommen. Daher kennen einige Studenten ihre Grenzen noch nicht und übertreiben das Feiern und ihren Alkoholkonsum.

Das deutsche Studentenleben zeichnet sich vor allem durch seine Selbstbestimmtheit aus, die der Einzelne zum Faulenzen und Partyfeiern ebenso nutzen kann wie zum Jobben und Erlernen eines eigenständigen Lebensstils. Durch das Campusleben in den USA nimmt das College den Studierenden noch viel organisatorischen Aufwand und Eigenverantwortung ab. Beide Systeme bieten ihre Vor- und Nachteile; die Entscheidung darüber, welches Studentenleben am besten zum Einzelnen passt, bleibt jedem selbst überlassen.

1.5   Besondere Studienfächer: Medizin, Zahnmedizin, Jura

Das Prinzip Liberal Arts gepaart mit späterer Entscheidung und Fokussierung auf
ein Studienfach macht das Studieren besonders anspruchsvoller Studiengänge im
Bachelor in den USA unmöglich. Daher kann man Studiengänge wie Medizin,
Zahnmedizin und Jura nur an sogenannten Graduate Schools belegen, die dann
Master und Doktortitel verleihen. Um dazu berechtigt zu sein, brauchen Anwär-
ter auf diese Fächer allerdings schon einen Bachelorabschluss. Dabei spielt es bei
allen Fächern bis auf Medizin keine große Rolle, in welcher Studienrichtung der
Bewerber seinen Bachelor erworben hat.

Die Kosten für den Studiengang insgesamt, also College und darauffolgende
Graduate School zusammen, sind also noch größer. Zusätzlich verteilen Graduate
Schools Studienplätze insbesondere für Medizin bevorzugt an US-Amerikaner.
Daher ist deutschen Medizinstudenten aus Zeit- und Geldgründen ein Studium in
Deutschland oder einem anderen europäischen Land anzuraten.

Wenn ein Studierender Anwalt in den Vereinigten Staaten werden möchte, muss
er selbstverständlich deren Recht studieren. Auch hier ist mit einem immensen
Kosten- und Zeitaufwand zu rechnen; für internationale Bewerber ist der Zugang
im Bereich Jura dennoch leichter als im Bereich Medizin (wenn auch immer noch
sehr schwer!).

1.6   US-College-Alternativen

Wer ein internationales Umfeld sucht und in englischer Sprache studieren möchte,
muss nicht unbedingt in den USA studieren. Natürlich gibt es in Kanada, Eng-
land, Australien und Neuseeland gute Alternativen. Auch in Deutschland gibt es
Optionen, beispielsweise die Jacobs University in Bremen. US-Colleges haben in
den letzten Jahren sogar immer mehr Campus an internationalen Standorten eröffnet. So hat allein die New York University vollständige Campus in Abu Dhabi,
VAE und Shanghai, China eingerichtet, während Yale das neue College Yale-NUS
in Singapur eröffnet hat.

Bewerbung 2

Grundsätzliches zur Studienbewerbung in den USA

Sich in den USA für ein gesamtes Bachelorstudium zu bewerben ist kompliziert. Selbst High Schools in den USA bereiten ihre Schüler jahrelang auf diesen Bewerbungsprozess vor und haben meist eigene Ratgeber dafür, die sogenannten „College Counselor" (Collegeberater). Viele Eltern heuern sogar spezialisierte Bewerbungscoaches an und schicken ihre Kinder in Kurse, die ihnen bei einer erfolgreichen Bewerbung helfen sollen.

Im Gegensatz zum deutschen Bewerbungssystem, das Bewerber meist nur auf der Grundlage von erbrachten Leistungen und dem Hochschulreifenschnitt auswertet, befasst sich die Collegebewerbung in den USA mit der Gesamtheit des Kandidaten; natürlich auch mit seinen Noten, aber zusätzlich mit außerschulischen Aktivitäten, Essays, Persönlichkeit, Empfehlungsschreiben und Testergebnissen.

Auch der Zeitpunkt der Bewerbung unterscheidet sich merklich. Während sich Anwärter in Deutschland nach Erhalt ihrer Hochschulreife für den Bachelor bewerben, müssen Schüler in den USA schon im Herbst des Vorjahres des gewünschten Studienstarts ihre Unterlagen einreichen. Wenn ein Schüler beispielsweise im Herbst 2016 sein Studium aufnehmen möchte, muss er sich von Oktober bis Dezember 2015 bewerben. Daher können Colleges bei Schülern, die direkt nach ihrem Abschluss ihr Studium aufnehmen möchten, Annahmeentscheidungen nur auf Grundlage bisher erzielter und vom Lehrer vorausgesagter Noten fällen. Dies mag befremdlich für deutsche Leser sein, ist aber Fakt: Zum Zeitpunkt der Bewerbung prognostizieren die Lehrer eines Bewerbers seine realistischen Abschlussnoten und machen damit einen der wichtigsten Bestandteile einer Bewerbung aus! Die tatsächliche Abschlussprüfung absolviert der Bewerber erst, nachdem das College seine Entscheidung getroffen hat. Folgerichtig ist es den meisten Colleges danach nicht mehr so wichtig, welche Endnoten die angenommen Bewerber tatsächlich erzielen!

© Springer Fachmedien Wiesbaden 2015
A. V. Seyfang, *Das Bachelorstudium in den USA,* essentials,
DOI 10.1007/978-3-658-08910-8_2

Natürlich wollen die meisten Colleges noch eine andere Bestätigung über die geistigen Fähigkeiten eines Bewerbers. Hierzu gibt es standardisierte Tests, auf die in Abschn. 2.1.6, 3.2 und 3.3 noch näher eingegangen wird.

2.1 Bestandteile und Zeitpunkt einer US-Bewerbung

2.1.1 „Common App"

In den USA ist es längst üblich, dass Colleges nur noch digitale Bewerbungen annehmen. Da es für Bewerber lästig wäre, bei unterschiedlichen Bewerbungsportalen jedes einzelnen Colleges viele gleichbleibende Informationen wie Personaldaten, Noten, etc. einzugeben, gibt es in den USA die sogenannte Common App. Dies ist ein Online-Bewerbungsportal für Collegebewerbungen, in dem der Bewerber nur einmal alle Informationen ausfüllen muss. Dann hat er die Möglichkeit, über dieses eine Portal seine Bewerbung an all seine präferierten Colleges zu versenden.

Die Common App besteht dabei aus den folgenden Sektionen, die vom Bewerber selbst auszufüllen sind: Profil, Familie, Bildung, Tests, Aktivitäten und ein persönliches Essay (www.commonapp.org, Stand Oktober 2014). Wie deutsche Bewerber diese Bereiche ausfüllen sollten beschreibt die Step by Step Anleitung in Kap. 3.

2.1.2 „Regular Decision" (Reguläre Entscheidung)

Im Normalfall bewerben potenzielle Studenten sich unter dem Zeitplan Regular Decision, siehe ausführlicher in Kap. 3 bzw. Abb. 3.1. Das bedeutet, dass Schüler ihre Unterlagen zum 01. Januar bei beliebig vielen Colleges einreichen können. Die Entscheidungen über diese Bewerbungen geben alle Colleges üblicherweise am 01. April bekannt. Wenn ein Bewerber bei mehreren Institutionen angenommen wurde, kann er bis zum 01. Mai entscheiden, welches Angebot er annehmen möchte.

2.1.3 „Early Application" und „Early Decision" (Frühe Bewerbung und frühe Entscheidung)

Für Ungeduldige oder Bewerber, die sich ihres Traumcolleges ganz sicher sind, gibt es die Möglichkeit sich früher als normal bei Colleges zu bewerben. Diese Bewerber erhalten dann auch früher die Entscheidung über Annahme oder Ablehnung. Hierbei gibt es zwei verschiedene Varianten: Early Application und Early Decision, siehe ausführlicher in Kap. 3 bzw. Abb. 3.2.

Bei der Early Application reicht der potenzielle Student seine Bewerbung üblicherweise am 01. November im Vorjahr des gewünschten Studienbeginns ein. Er kann dies bei einem oder mehreren Colleges machen, je nachdem, ob ein College eine Mehrfachbewerbung unter dem Zeitplan Early Application zulässt. Die Entscheidung über die Bewerbung erhält der Bewerber dann Mitte Dezember. Dann hat dieser die Wahl, den Platz anzunehmen oder abzulehnen oder sich an weiteren Unis zu bewerben und erst im Frühling über das Angebot zu entscheiden.

Auch bei der Early Decision Application reicht man seine Unterlagen bei nur einer Universität schon zum 01. November ein. Der Unterschied hier ist jedoch, dass, wenn der Bewerber im Dezember eine Zusage bekommt, er den Platz an diesem College annehmen **muss**. Diese Variante sollte ein Bewerber also nur wählen, wenn er sich seines absoluten Traumcolleges auch wirklich sicher ist. Die einzige Möglichkeit, aus dieser Zusage wieder herauszukommen, ist das Finanzhilfenpaket, das das College anbietet. Mit der Entscheidung über die Bewerbung bekommt der angenommene Student auch sein Angebot über finanzielle Hilfen für den teuren Collegebesuch. Wenn dieser glaubhaft begründen kann, dass die angebotenen finanziellen Hilfen nicht ausreichend für den Besuch des Colleges sind, kann er das Early-Decision-Angebot auch über einige Hürden ablehnen.

Sowohl von der Early Application als auch von der Early Decision bieten viele Colleges zwei verschiedene zeitliche Varianten an. Dabei stellen Early Application I und Early Decision I die Zeitrahmen dar, wie sie oben beschrieben wurden. Das Prinzip von Early Application II und Early Decision II ist zwar dasselbe, jedoch werden diese Formen von Bewerbung zu einem anderen Zeitpunkt entrichtet. So bewirbt man sich unter diesen zwei Programmen wie im Normalfall bis zum 01. Januar des gewünschten Studienbeginnjahres, bekommt jedoch schon Mitte Februar eine Antwort, anstatt bis zum 01. April auf einen Bescheid warten zu müssen.

2.1.4 „Supplements" (Collegespezifische Ergänzungsfragebögen)

Die meisten Colleges wollen nicht nur herausfinden, wer der Bewerber ist, sondern auch erfahren, warum gerade dieser perfekt in ihr Collegeklima passt und sich vor allem an ihrem Campus entfalten kann. Dazu fordern die meisten Colleges noch das Ausfüllen eines Ergänzungsfragebogens, in dem sie noch einige Fragen an den Kandidaten stellen.

2.1.5   „Recommendation Letters" (Empfehlungsschreiben)

Um jede Common App komplett zu machen, muss auch der College Counselor der Schule des Bewerbers einige Angaben machen, offizielle Zeugnisse und Testergebnisse an die Colleges schicken und eine Empfehlung zum Kandidaten abgeben. Da es diese Ansprechpersonen an deutschen Schulen so gut wie nie gibt, sollten deutsche Bewerber ihren Schulleiter als Counselor angeben und ihn das Empfehlungsschreiben verfassen lassen.

Auch die Empfehlungsschreiben von einem oder zwei Lehrern sind notwendig für die Fertigstellung der Bewerbung. Diese müssen selbstverständlich auch auf Englisch verfasst sein.

Selten verlangen Colleges zudem ein Empfehlungsschreiben von einem gleichaltrigen Bekannten eines Bewerbers. Dies kann ein Freund sein oder jemand, mit dem der Kandidat in einem formellen Umfeld (Schule, Jugendverein, etc.) viel zusammen gearbeitet hat.

2.1.6   „Standardized Tests" (Standardisierte Tests)

Da in den USA die High Schools ein sehr unterschiedliches und schwer vergleichbares Bildungsniveau anbieten, helfen die Ergebnisse von Standardized Tests den „Admission Officers" (Bewerbungsbearbeiter und -entscheider) ein besseres Bild von den tatsächlichen Leistungen eines Schülers zu bekommen. Der übliche Test heißt SAT.

Auch innerhalb des SAT gibt es Unterschiede: Zunächst gibt es den längeren „Reasoning Test", in dem Grundfähigkeiten und Erlerntes in den Bereichen Lesen, Schreiben und Mathematik überprüft werden. Zudem existieren die sogenannten „Subject Tests", in denen Fachwissen über ein bestimmtes Gebiet oder eine bestimmte Sprache abgefragt wird. Die meisten Colleges verlangen bei einer Bewerbung die Ergebnisse eines Reasoning Tests und von zwei bis drei Subject Tests. Diese Bedingungen variieren aber wieder von College zu College und hier gilt der wichtige Grundsatz: Recherchieren, recherchieren, recherchieren!

2.1.7   Englisch für Nicht-Muttersprachler

Da diese Tests den Bewerber auch auf seine Fähigkeiten im Schreiben und Lesen der englischen Sprache prüfen, entsteht natürlicherweise für englische Muttersprachler ein Vorteil. Daher gibt es für Nichtmuttersprachler die Möglichkeit (bei machen Colleges ist es auch Pflicht) zusätzlich die Ergebnisse des sogenannten TOEFL-Tests (Test of English as a Foreign Language) einzureichen. Dieser bewertet die Englischfähigkeiten von Nichtmuttersprachlern und gibt somit ein faireres Bild für diese Bewerbergruppe ab.

2.1.8 „Application Fees" (Bewerbungsgebühren)

In den USA ist es üblich, dass Colleges eine Bewerbungsgebühr als Aufwandentschädigung für die Kosten der vielen Admission Officers verlangen. Diese variiert von College zu College, liegt aber in den meisten Fällen bei ca. $ 80. Extrem wichtig ist es, diese Bewerbungsgebühr schon lange vor der Bewerbungsfrist zu überweisen. Nur so hat der Bewerber die vollständige Sicherheit, dass das Geld auch pünktlich ankommt. Wenn die Bewerbungsgebühren nicht rechtzeitig eingegangen sind, dann kann die Bewerbung weder bearbeitet noch über die Common App verschickt werden.

Natürlich wird es durch diese Gebühren extrem kostspielig, sich bei mehreren Colleges zu bewerben. So wird verhindert, dass Bewerber bei zu vielen Colleges einfach auf gut Glück ihre Unterlagen einreichen. Das ist den Universitäten in den USA besonders wichtig, weil Admission Officers alle Bewerbungsunterlagen auswerten und alle Essays lesen müssen. Es braucht natürlich Zeit und Personal, jeden Bewerber als ganzheitliche Persönlichkeit und nicht nur, wie meist im deutschen System, als Note zu begreifen.

Wem die Bewerbungsgebühren eine Bewerbung unmöglich machen, dem stehen sogenannte „Fee Waiver" (Gebührenerlasse) zur Verfügung. Normalerweise werden diese vom schuleigenen College Counselor verteilt. Da man in Deutschland diese Anlaufstelle nicht hat, muss der jeweilige Schulleiter, der im Bewerbungsprozess die Rolle des Counselors übernimmt, den Bedarf des Bewerbers an Fee Waivers durch die Common App offiziell bestätigen.

2.1.9 „Financial Aid" (Finanzielle Hilfen)

Da sich die Studiengebühren für ein Jahr an einem US-amerikanischen College wie schon erwähnt auf die horrende Summe von ca. $ 60.000 belaufen, schicken die Colleges mit dem Annahmebrief auch ein Angebot auf bedarfsgerechte finanzielle Hilfen. Für dieses muss man sich jedoch mit korrekten Angaben zeitgleich zum Abschicken seiner Common App bewerben. Auch hierfür gibt es wieder ein einheitliches, digitales Bewerbungsportal, das sogenannte „CSS Profile" des Collegeboards.

Traurige Realität ist leider, dass für nicht-US-amerikanische Bewerber oftmals weniger oder gar keine finanziellen Mittel zur Verfügung stehen. Daher gilt es, bei Colleges vorher ganz genau zu recherchieren, welche Finanzierungsmöglichkeiten internationalen Bewerbern geboten werden.

Es folgt die Liste der Colleges, die Annahmeentscheidungen über internationale Bewerber fällen, ohne deren finanziellen Hintergrund als Entscheidungsfaktor in Betracht zu ziehen.

1. Amherst College
2. Dartmouth College
3. Harvard University
4. Massachusetts Institute of Technology (MIT)
5. Princeton University
6. Yale University

Quelle: http://www.internationalstudent.com/schools_awarding_aid/, Zugriff 31.10.2014.

Step by Step Anleitung für eine erfolgreiche College-Bewerbung

ZEITPLAN TIMELINE COLLEGE-BEWERBUNG

Vorletztes Jahr vor gewünschtem Studienbeginn

In dieser Zeit solltest du dir darüber klar werden, bei welchen Colleges du dich bewerben möchtest und herausfinden, welche Ergebnisse der Standardized Tests diese von dir haben möchten. Auch solltest du in Erfahrung bringen, welche Bewerbungszeitpläne deine präferierten Colleges anbieten und unter welchem Zeitplan du dich bewerben möchtest. Zur Auswahl stehen Regular Decision, Early Application I, Early Application II, Early Decision I oder Early Decision II.

Um das Vorbereiten und Ablegen der Standardized Tests solltest du dich jetzt schon einmal kümmern (Abb. 3.1 und 3.2).

Letztes Jahr vor dem gewünschten Studienbeginn

Sommer und September

Frage deinen Schulleiter und deine Lehrer schon einmal, ob sie die Aufgabe der Empfehlungsschreiben für dich übernehmen würden. Gib ihnen die passenden Deadlines und erkläre, wie die Common App funktioniert.

Die Sommermonate solltest du vor allem dazu nutzen, verschiedene Entwürfe deines Personal Essays zu verfassen und dir Kritik von deinen Mitmenschen dazu einzuholen.

Wenn du noch keine SAT-Tests abgelegt hast, solltest du die Zeit zur Vorbereitung darauf nutzen und dich rechtzeitig online anmelden.

© Springer Fachmedien Wiesbaden 2015
A. V. Seyfang, *Das Bachelorstudium in den USA,* essentials,
DOI 10.1007/978-3-658-08910-8_3

Oktober

Jetzt ist es Zeit, die letzten Verbesserungen an deinem Personal Essay vorzunehmen und dich für eine finale Version zu entscheiden.

Für Early Application I und Early Decision I ist jetzt die letzte Möglichkeit, die SATs abzulegen. Idealerweise schreiben alle Bewerbergruppen die SATs hier zum letzten Mal, um Zeitkonflikte zu vermeiden.

01. November

Üblicher Bewerbungsschluss für Early Application I und Early Decision I Bewerber.

Mitte Dezember

In dieser Zeitspanne informieren die Colleges Early-Application-I- und Early-Decision-I-Bewerber über die Annahme Entscheidungen. Üblicherweise musst du ihnen innerhalb von ein bis zwei Wochen eine feste Rückmeldung geben.

01. Januar

Üblicher Bewerbungsschluss für Regular-Decision-, Early-Application-II- und Early-Decision-II-Bewerber.

01. April

Rückmeldung der Colleges über ihre Annahmeentscheidungen für Regular-Decision-, Early-Application-II- und Early-Decision-II-Bewerber.

01. Mai

Bis zu diesem Datum musst du dich entschieden haben, welches Angebot du annehmen und welche Angebote du offiziell ablehnen möchtest.

3.1　STEP 1: So findest Du das richtige College

Folgende Fragen solltest du dir selbst sorgfältig und ehrlich beantworten, bevor du mit deiner Suche nach Colleges beginnst:

1. Gibt es jetzt schon irgendwelche Studienrichtungen, die mich besonders interessieren?
2. Wie streng sollten die Vorgaben sein, die mir ein College in der Kurswahl macht? Wie ausgeprägt sollte das Core Curriculum sein?
3. Welche finanziellen Hilfen oder Stipendien sollte ein College mir bieten können?

4. Wie groß sollte mein College sein? Wie viele Studenten sollte es insgesamt haben und wie viele Mitstudierende sollten durchschnittlich mit mir im Kurs sitzen?
5. Sollte mein College mitten in einer Großstadt, in ihrer Nähe oder auf dem Land sein? In welcher Wetterlage kann ich mich am besten konzentrieren und bin ich am besten gelaunt?
6. Welche Fremdsprachen sollte mein College anbieten?
7. Bin ich an Auslandssemestern und internationalen Programmen interessiert?
8. Woher sollten meine Mitstudierenden kommen? Lege ich Wert darauf, dass zum Großteil US-Amerikaner das College besuchen oder möchte ich auch viele Kommilitonen aus anderen Herkunftsländern haben?

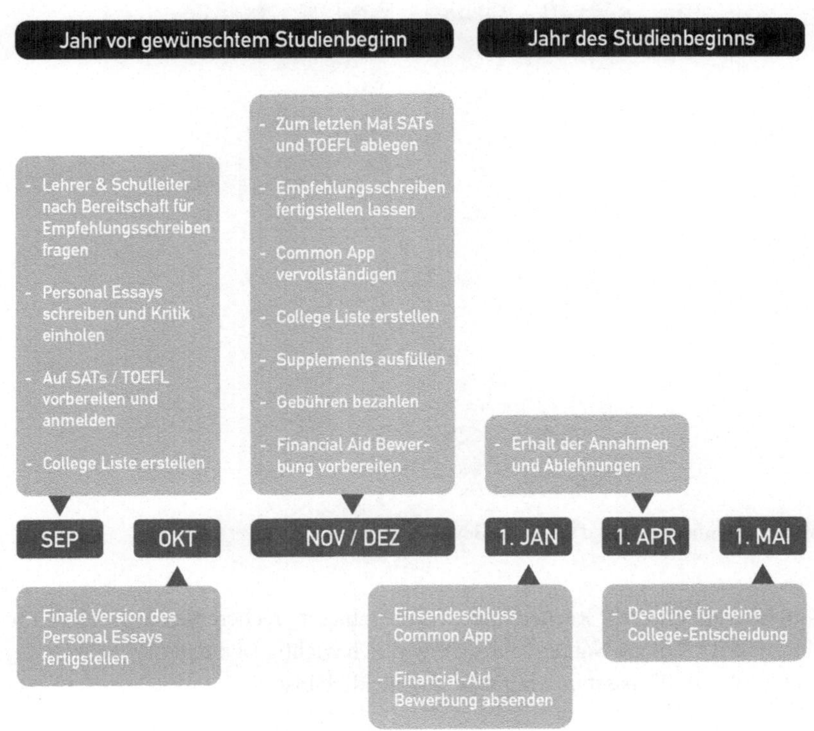

Abb. 3.1 Timeline Regular Decision Bewerbung

Abb. 3.2 Timeline Early Decision I Bewerbung

Nun heißt es für dich: Recherchieren, recherchieren, recherchieren! Natürlich beeindrucken bekannte Namen sehr, aber wirklich wichtig ist nur, dass du ein College findest, das zu dir passt und mit dem du glücklich bist.

▶ Eine äußerst hilfreiche Website, die dir diese Collegesuche nach deinen eigenen Kriterien einfacher macht, ist https://bigfuture.collegeboard.org.

Die Auswahl der Institutionen, bei denen du dich bewirbst, beeinflusst die Standardized Tests, die du im Vorfeld deiner Bewerbung ablegen musst, sowie die Bewerbungsgebühren und die Anzahl an Supplements, die du auszufüllen hast.

Wenn du dich für deine Colleges entschieden hast, musst du sie per „College Search" (Collegesuche) auf deinem Common-App-Profil hinzufügen. Von nun an werden sie auf deinem Dashboard und unter der Kategorie „My Colleges" angezeigt.

3.1.1   An wie vielen Colleges du dich bewerben solltest

Nicht nur wegen der Anhäufung von Bewerbungsgebühren, sondern auch, weil die Konzentration und Ernsthaftigkeit, die man in Bewerbungen stecken kann, begrenzt ist, solltest du dich bei nicht mehr als ca. acht Colleges bewerben.

Hierbei ist es gängige Methode, sich für zwei bis drei „Safety Schools" zu bewerben, also Colleges, die eigentlich etwas unter deinem eigenen Niveau liegen und bei denen du so gut wie sicher angenommen wirst. Darauf folgen zwei bis drei normale Colleges, die deinem eigenen Niveau angemessen sind. Zusätzlich ist es beliebt, eine Bewerbung an zwei bis drei sogenannte „Reach Schools" zu senden, deren Niveau eigentlich über deinem eigenen liegt, die du aber trotzdem gerne besuchen würdest. Zu den beliebtesten Reach Schools gehören Die Ivy League Universitäten (3.1.3).

Wenn du ein Studium in Deutschland als wünschenswerte Alternative siehst, kannst du auf die Safety Schools verzichten und dich nur bei jenen US-Universitäten bewerben, an denen du wirklich studieren möchtest.

3.1.2   Unterschiede zwischen staatlichen und privaten Colleges

Wie der Name schon sagt, werden staatliche Colleges aus öffentlicher Hand und private durch eigene Spender finanziert. Während in Deutschland für uns der Normalfall darin besteht, eine staatliche Universität zu besuchen, sind in den USA private und öffentliche Colleges gleichermaßen beliebt.

3.1.3   Die Ivy League Universitäten

Auf der ganzen Welt gilt der Titel *Ivy League University* als Synonym für eine exzellente Eliteschule. Dabei begann die Ivy League als einfache Sportwettkampfliga. 1954 schlossen sich acht sehr alte US-Universitäten, die keine Stipendien auf Grundlage sportlicher Leistungen vergaben, zur Ivy League zusammen. Seitdem treten die Studenten dieser Institutionen regelmäßig in Wettkämpfen nahezu aller Sportarten gegeneinander an. Da diese acht Universitäten auch zu den Top 20 in den ganzen USA gehören, steht Ivy League für eine exzellente Ausbildung.

Zur Ivy League gehören Brown, Columbia, Cornell, Dartmouth, Harvard, die University of Pennsylvania, Princeton und Yale.

Quelle: http://www.ivyleague.com/history/overview, Zugriff 04.11.14

3.2   STEP 2: Vorbereitung & Ablegen von Standardized Tests

3.2.1   SATs

Reasoning Test Alle SAT Reasoning Tests sind als Multiple Choice Tests mit fünf möglichen Antworten aufgebaut. Für nicht beantwortete Fragen gibt es null Punkte, für richtige Antworten einen Punkt und für falsche einen viertel Punkt Abzug. Somit lohnt es sich zu raten, sobald man eine oder mehrere der fünf Antwortmöglichkeiten sicher ausschließen kann; diese Methode des Ratens ist unumstrittene Empfehlung der US-Ratgeberliteratur zum SAT. Nur im SAT-Reasoning Test gibt es einen Teil, indem du selbst ein kurzes Essay verfassen musst.

Der SAT Reasoning Test besteht aus drei Teilen.

1. Critical reading: Hier musst du Texte lesen, Fragen dazu beantworten und Sätze vervollständigen.
2. Writing: In dieser Sektion musst du ein kurzes Essay verfassen und durch Multiple-Choice-Fragen Grammatikfehler erkennen.
3. Mathematics: Hier werden grundsätzliche mathematische Kenntnisse aus den Bereichen Algebra, Geometrie, Statistik und Wahrscheinlichkeit abgefragt.

Quelle: http://sat.collegeboard.org/why-sat/topic/sat/what-the-sat-tests,   Zugriff 04.11.14

Der Reasoning Test dauert insgesamt ca. vier Stunden, inklusive Pausen. Aufgabensektionen aus den drei Themenbereichen wechseln sich ab. Für jede Sektion existiert eine Zeitvorgabe wie z. B. zehn Minuten, 15 Minuten, etc., in der du die

Aufgaben bearbeiten darfst. Sobald eine neue Sektion begonnen wird, darfst du die alte nicht mehr weiterbearbeiten. Den Test darfst du nur mit einem Bleistift ausfüllen. Du beantwortest den Test durch das Ausfüllen von Kreisen auf einem Antwortblatt. Alle wichtigen Regeln werden am Testtag ausführlich vorgetragen.

Subject Tests Auch die Subject Tests bestehen aus Multiple-Choice-Fragen mit drei, vier oder fünf möglichen Antworten. Auch hier gibt es einen Punkt für richtig beantwortete und null Punkte für nicht beantwortete Fragen. Für falsche Antworten wird entweder ein viertel Punkt (bei fünf Antwortmöglichkeiten), ein drittel Punkt (bei vier Antwortmöglichkeiten) oder ein halber Punkt (bei drei Antwortmöglichkeiten) abgezogen. Somit lohnt es sich auch hier laut einschlägiger US-Literatur zu raten, wenn man mindestens eine der Antwortmöglichkeiten sicher ausschließen kann. Die Subject Tests dauern jeweils nur eine Stunde. Zu den Sprachtests kann auch eine Sektion gehören, in der Fragen zu Gehörtem beantwortet werden müssen.
Aktuell werden folgende Subject Tests angeboten:

- Literature
- U.S. History
- World History
- Math Level 1
- Math Level 2
- Biology
- Chemistry
- Physics
- French
- French with Listening
- German
- German with Listening
- Spanish
- Spanish with Listening
- Modern Hebrew
- Italian
- Latin
- Chinese with Listening
- Japanese with Listening
- Korean with Listening

Quelle: http://sat.collegeboard.org/why-sat/topic/sat/what-the-sat-tests, Zugriff 04.11.14

3.2.2   Vorbereitung auf die SATs

Es gibt sehr viele Übungsmaterialien für die SATs, in Form von riesigen Büchern mit Übungsfragen und ganzen Übungs-SATs, Strategieberatern oder Vokabeltrainern für SAT-Worte. Die amerikanische Wirtschaftswelt lässt keine Möglichkeit aus, Geld aus den Übungsmaterialien zu machen. Diese kannst du dir ganz leicht bei Amazon oder auf sat.collegeboard.org bestellen. Bitte mache dir aber keine Gedanken, wenn du dir diese Bücher nicht leisten kannst. In diesem Fall solltest du einfach grundlegende mathematische Themen wiederholen und Englischlesen üben. Die Ergebnisse sind nur eines von vielen Bewertungskriterien deiner Person; du solltest dich nicht verrückt machen. Wenn du in der Schule gut aufgepasst hast, ausgeschlafen und entspannt zu den Tests gehst, dann sollte nichts schief gehen. Zudem sind sich die Colleges dessen bewusst, dass du ein internationaler Bewerber bist und nicht auf alle Vorbereitungsmaterialien Zugriff hast, die US-Amerikanern zur Verfügung stehen.

3.2.3   Anmelden für die SATs und Prüfungsgebühren

▶   Auf http://sat.collegeboard.org findest du alle Informationen zum SAT, Übungsfragen und die Möglichkeit, dich für einen der Tests anzumelden. Auch in deutschen Großstädten gibt es einige Lokalitäten, an denen man den Test ablegen kann.

Wichtig ist hierbei, dass du weißt, welche Tests du ablegen möchtest und musst (was setzen die Colleges, bei denen du dich bewirbst, voraus?), und dich **rechtzeitig** (Deadline ist immer einen Monat vor Prüfungsdatum) anmeldest. Tests finden von September bis Januar üblicherweise einmal im Monat statt, sonst alle zwei bis drei Monate. Es gibt zudem eine Sommerpause. Nicht bei jedem großen SAT Reasoning Test werden auch Subject Tests angeboten. Ohnehin kannst du an einem Tag entweder nur den Reasoning Test schreiben oder mehrere Subject Tests. Die Ergebnisse deiner Tests erhältst du einige Wochen nach der Prüfung online auf sat.collegeboard.com.

Wenn du noch genug Zeit bis zu deiner Bewerbung hast, kannst du die Tests auch mehrmals ablegen. Später werden dann nur die besten Ergebnisse, die du in einem der jeweiligen Tests erzielt hast, an die Colleges geschickt.

Die Gebühren für die Tests musst du mit deiner Anmeldung bezahlen. Auch für die SATs gibt es Fee Waivers, welche aber nur US-Bürgern oder Schülern an

US-High Schools zur Verfügung stehen. **Hier gibt es für deutsche Schüler in Deutschland leider keine Möglichkeit für das Erlassen der Gebühren.**

3.2.4   Erklärung der Bewertungsskala der SATs

Die beiden Sektionen Critical Reading und Mathematics werden mit jeweils 200 bis 800 Punkten bewertet. Das Essay in der Writingsektion wird mit 2 bis 12 Punkten bewertet, die Multiple-Choice-Fragen in diesem Bereich mit 20 bis 80 Punkten. Insgesamt wird das zu einer möglichen Höchstpunktzahl vom 2400 im gesamten Reasoning Test umgerechnet.

Die Subject Tests werden mit 200 bis 800 Punkten bewertet, wobei auch hier 800 die bestmögliche Leistung darstellt.

3.2.5   Bedeutung der Ergebnisse für Europäer und Deutsche

Allein nach meiner persönlicher Erfahrung und der meines Umfelds unterscheiden sich die Bedeutung der erreichten SAT-Reasoning-Test-Ergebnisse für unterschiedliche Bewerbergruppen. Da beispielsweise Asiaten bei den SATs überdurchschnittlich gut abschneiden, ist für sie erst ein Score ab 2200 exzellent. Der US-amerikanische Durchschnitt liegt bei 1500 Punkten. Für Deutsche und Europäer gilt ein Ergebnis ab 1900 Punkten als exzellent. Diese Werte beruhen nur auf meinen persönlichen Erfahrungen; es gibt keinerlei offiziellen Statistiken oder Aussagen, die diese bestätigen.

3.2.6   Versenden der SAT-Ergebnisse

Du musst deine SAT-Ergebnisse für die verschiedenen abgelegten Tests an die Colleges schicken, bei denen du dich bewerben möchtest. Dies machst du mithilfe deines Profils auf sat.collegeboard.org. Auch hierfür fallen Gebühren an.

3.3   Der TOEFL-Test

Der TOEFL (Test of English as a Foreign Language) testet die Englischfähigkeiten von Nicht-Muttersprachlern.

Er ist in die folgenden vier Bereiche aufgeteilt: Leseverständnis, Hörverständnis, Sprechen und schriftliche Ausdrucksweise. Lese- und Hörverständnis werden durch Multiple-Choice-Fragen überprüft. Jeder der vier Teile wird mit maximal 30 Punkten bewertet, insgesamt kann man also maximal 120 Punkte erreichen. Inklusive Pausen dauert das Ablegen eines TOEFLs etwa vier Stunden.

3.3.1 Vorbereitung auf den TOEFL

Auf www.ets.org/toefl oder in einer Buchhandlung kannst du Übungsmaterialien bestellen. Online kannst du aber auch Beispielfragen und Tests ansehen. Wenn du in der Schule in Englisch gut aufgepasst und mitgearbeitet hast, solltest du aber keine Probleme haben. Ansonsten kannst du auch mit Freunden Englisch sprechen üben oder versuchen, deine Lieblingsserie auf Englisch zu verstehen.

3.3.2 Anmelden für den TOEFL und Gebühren

Für den TOEFL solltest du dich mindestens vier Wochen vor Testdatum auf dem offiziellen Portal www.ets.org/toefl anmelden. In deutschen Testcentern wird der TOEFL etwa zehnmal im Jahr angeboten. Bei der Anmeldung musst du auch die Testgebühren bezahlen, die sich in Deutschland auf ca. $ 240 belaufen. **Auch hier gibt es wie bei den SATs für deutsche Schüler an Schulen in Deutschland keine Möglichkeit für einen Erlass der Gebühren.**

3.3.3 Versenden der TOEFL-Ergebnisse

Die Ergebnisse deines TOEFLs erhältst du ca. zwei Wochen nach der Prüfung. Deine Punktzahl kannst du über dein ETS-Profil offiziell an Colleges verschicken. Auch dies kostet Gebühren.

3.4   STEP 3: Personal Essay der Common App vorbereiten & anfertigen

3.4.1   Der rote Faden in der Bewerbung

Bevor du dich ans Verfassen deiner Bewerbung machst, solltest du dir einige Grundprinzipien gut einprägen. Die US-Colleges wollen eine möglichst bunte Studentenschaft bei ihrem neuen Jahrgang zusammenstellen, die möglichst viele Interessengebiete und Ethnizitäten repräsentiert. Das heißt aber nicht zwingend, dass du selbst viele unterschiedliche Interessen mitbringen solltest. Meistens wollen sich die Colleges nämlich ihre Diversität dadurch sichern, dass sie „Spezialisten" aus jedem möglichen Interessengebiet in ihren Jahrgang holen und somit in der Gesamtheit Diversität entsteht. Das bedeutet, dass du dir darüber klar werden solltest, was dich und deinen Lebensweg persönlich auszeichnet. Was ist dein „Spezialgebiet"? Was ist deine Leidenschaft; was ist der Themenkern, der sich in deinem Lebenslauf und in deinen Aktivitäten immer widerspiegelt? Dieses Leitthema deiner Persönlichkeit solltest du als roten Faden deiner Bewerbung begreifen, um den sich all deine Essays, Aktivitäten und zukünftigen Interessen ranken.

SCHRITT 1 Jetzt bist du an der Reihe! Brainstorme deinen ganz persönlichen roten Faden! Dies ist der erste und vielleicht wichtigste Schritt in deiner Bewerbung.

3.4.2   Personal Essay

Während wir in Deutschland meist nur sehr formelle Bewerbungsanschreiben und -briefe kennen, sind in den USA die Bewerbungsessays wirklich als persönliches Essay gemeint. Du sollst keinen trockenen Text über dich verfassen, sondern eine echte Geschichte erzählen. Dies sollte natürlich trotzdem auf dem dir höchstmöglichen sprachlichen Englischniveau geschehen.

Versetze dich in die Lage der Person, die dein Essay lesen wird, des Admission Officers. Tagelang macht dieser nichts anderes als tausende Bewerbungsessays zu lesen, oft liest er nur die ersten Paragraphen und überfliegt viele Dinge, die sein Interesse nicht wecken. Unter diesem Stapel nicht enden wollender Bewerbungen muss dein Essay, deine Geschichte hervorstechen. Schon die ersten Sätze müssen wirklich Lust machen, weiterzulesen und durch ihre Einzigartigkeit bestechen. Würdest du dich als Admission Officer am Ende des Tages ausgerechnet an dein Essay erinnern oder aus Begeisterung schon vorgemerkt haben?

Aus dieser Perspektive heraus kannst du hoffentlich besser begreifen, was du mit deinem Personal Essay erreichen musst. Folgende Fragen solltest du dir beim Verfassen deines Personal Essays zu jeder Zeit stellen:

1. Hätte noch jemand außer dir genau dasselbe Personal Essay schreiben können oder ist die Geschichte wirklich einzigartig?
2. Wenn du dieses Personal Essay ohne Namen an einen deiner Freunde geben würdest, könnte er sofort erkennen, dass es sich nur um dich handeln kann?

Ein weiteres wichtiges Prinzip beim Essayschreiben ist, nicht bescheiden zu sein. Lass keine tollen Details über dich aus Bescheidenheit weg, sonst werden die Admission Officers sie nie erfahren. Du kannst davon ausgehen, dass alle sich selbst so weit in den Himmel loben, wie sie nur können. Es mag aus unserer Kultur heraus sehr ungewohnt erscheinen, und du wirst dich vielleicht unwohl dabei fühlen. Bitte scheue dich trotzdem nicht davor, denn mit Bescheidenheit ist in den USA noch niemand weit gekommen. Das bedeutet allerdings nicht, dass dein Tonfall im Text überheblich und selbstverliebt klingen soll. Weil dies widersprüchlich und schwierig erscheint, folgen in Abschn. 3.4.3 vier Beispiele, die das Prinzip verdeutlichen.

SCHRITT 2 Nachdem du im ersten Schritt deinen ganz persönlichen roten Faden gefunden hast, versuche jetzt an die Entwicklung dieses Leitthemas während deiner bisherigen Lebensgeschichte zu denken. Gibt es einen besonderen Vorfall, der deine Leidenschaft entfacht hat? Gibt es vielleicht prägende Situationen, die dir während deines Lebens die Wichtigkeit dieses Themas immer wieder verdeutlicht haben? Wie haben sich diese Schlüsselereignisse auf deine Weltsicht, deinen Lebensweg und deine Zukunftsträume ausgewirkt?

Die Common App bestimmt ein Limit von 650 Wörtern und stellt dir folgende Themen für dein Essay zur Verfügung:

1. Some students have a background or story that is so central to their identity that they believe their application would be incomplete without it. If this sounds like you, then please share your story.
2. Recount an incident or time when you experienced failure. How did it affect you, and what lessons did you learn?
3. Reflect on a time when you challenged a belief or idea. What prompted you to act? Would you make the same decision again?
4. Describe a place or environment where you are perfectly content. What do you do or experience there, and why is it meaningful to you?

5. Discuss an accomplishment or event, formal or informal, that marked your tran-
   sition from childhood to adulthood within your culture, community, or family.

Quelle: Common App, Version 2014, Zugriff: 31.10.2014

SCHRITT 3 Keine Sorge, du musst dich jetzt noch nicht endgültig für eines der
Themen für dein Essay entscheiden. Versuche deine Antworten und Ideen aus
Schritt 2 mit den vorgegebenen Themen zu verbinden. Mach dies für mindestens
drei verschiedene Antworten aus Schritt 2. Dabei ist es nicht schlimm, wenn mehrere deiner Ideen aus Schritt 2 zu den gleichen Themenvorgaben passen.

SCHRITT 4 Jetzt musst du dich ans Verfassen deines Essays machen. Die mindestens drei verschiedenen Ideen aus Schritt 3, die zu einer der Themenvorgaben
passen müssen, entwickelst du in diesem Schritt weiter. Du solltest aus jeder Idee
jeweils ein Essay machen. So hast du später die Auswahl zwischen verschiedenen Texten und kannst den besten auswählen. Selbstverständlich verfasst du deine
Essays auf Englisch. Der Prozess des Essayschreibens sollte dich mehrere Wochen,
mindestens aber mehrere Tage kosten. Oftmals fallen einem Verfasser während der
Schreibpausen die besten Ideen ein.

SCHRITT 5 Du bist zufrieden mit deinen verschiedenen Essays? Herzlichen
Glückwunsch! Nun gib die Essays unterschiedlichen Kritikern deiner Wahl zum
Lesen. Dies können Familie, Freunde oder sogar Englischlehrer sein. Mit ihren
Kommentaren kannst du deine Essays sicherlich noch verbessern. Frage sie auch,
welche Essays sie am besten finden und welches dich als Person am besten trifft.

SCHRITT 6 Du hast deine Essays mithilfe deiner eigenen Kritik und den Ver-
besserungsvorschlägen aus Schritt 5 überarbeitet? Du hast an das Limit von 650
Wörtern gedacht? Sehr gut! Dann entscheide dich jetzt bitte für eines deiner Personal Essays als offizielles Bewerbungsessay. Um dir die Entscheidung leichter zu
machen, rufe dir nochmal die folgenden Fragen vom Beginn des Kapitels in den
Kopf:

1. Würdest du dich als Admission Officer am Ende des Tages ausgerechnet an dein
   Essay erinnern oder aus Begeisterung schon vorgemerkt haben?
2. Hätte noch jemand außer dir genau dasselbe Personal Essay schreiben können,
   oder ist die Geschichte wirklich einzigartig?
3. Wenn du dieses Personal Essay ohne Namen an einen deiner Freunde geben
   würdest, könnten sie sofort erkennen, dass es sich um deine Persönlichkeit handeln muss?

► Wichtig! Dein Personal Essay sollte sich wirklich nur um dich drehen, und sich in keiner Weise an einzelne Colleges anpassen! Sobald du dein Essay bei der Common App eingereicht hast, kannst du es auch nur zweimal verändern. Diese Änderungen sind nur für Tippfehler gedacht, nicht zur Veränderung des Inhaltes!

► Hier ein Link, der sehr gute Tipps und Ansätze zum Schreiben des Personal Essays gibt:
https://owl.english.purdue.edu/owl/resource/642/01/

3.4.3   Vier Beispiele für Personal Essays

Beispiel 1

Verwendet mit freundlicher Erlaubnis der Autorin

During the last summer holidays I cycled to the Netherlands. With two panniers, a map and only a few contacts, my aim was to find out more about racism. I wanted to know why the increasingly popular right extremist party, Partij Voor de Vrijheid, became the third strongest political force in parliament. Why do so many citizens vote for this party, how is racism perceivable in society and particularly how can it be prevented and combated sustainably? Fortunately I received a travel grant for the research trip which enabled me to occupy myself intensively with the issue for four weeks.

All while understanding the Dutch culture itself, I conversed with researchers, politicians, activists and affected people in five cities, visited anti-discrimination offices and a workshop where I acquired new knowledge. One occurrence, however, taught me more than all these scientific discussions.

One day I was sitting in a café. Only one young woman, visibly with Moroccan ancestors, enjoyed her coffee while all other chairs were empty. When an elderly man entered he went straight to the occupied seat and commanded her to stand up because he wanted to sit there. I felt the urgent need to intervene but doubts held me back. Fearful, the woman left immediately.

The confrontation arose and ended very quickly which overwhelmed me. Thus, I hesitated to step in. Anyhow, the obvious subjection of the woman and the unreasoned injustice did not leave my mind. My greatest fear was the reaction of the man because I was uncertain how to approach him best to really make my point clear in a foreign language. Moreover, the man clearly was a racist and I could not estimate how his response to me as a German would be. I understood that what mattered in this situation was setting an example against racism and not how I was feeling. Was I not here for exactly this reason; to detect and prevent discrimination?

On my way out I went to his table and faced him. With polite, yet determined, words I elucidated why discrimination is unacceptable to happen and which severe effect it has on the victim. In a calm manner I did not omit my opinion about his behaviour. He was dumbfounded and could not riposte. Even though he did not seem to understand everything I am sure I made an impression on him and was thought-provoking.

I realised that it is important to stand up for my convictions even if it is against a majority or someone allegedly superior. Ideally I would have interrupted the man right after he told the women to leave. Thereby she would have experienced my support and the man would have been confronted unsuspectingly by the situation. Although I missed out on this opportunity I felt the obligation not to leave the incident uncommented. It was better to undertake something belatedly than not at all. It was not enough to simply study discrimination but to dare to do something.

Beispiel 2

Von Alexandra V. Seyfang

It all started in a classroom way back in Germany. The walls inside were just as grey as the rainy and uncomfortable weather outside, containing a class that naturally was nearly asleep at 8 am this morning. Then, my Ethics teacher started a unit that couldn't seem more arid and theoretical to these students: Ethical Universalism and Relativism. The vast majority was glad he stuck at his usual method of talking his way steadily through the lesson.

Admittedly, I was tired as well. But this issue vitalized my mind like the cold morning shower animated my body: As if it was not hard enough to exactly define terms like norms and values in a single society, how could we arrogate to ourselves to generalize another region or culture's norms and values by simply trusting some peoples' papers? Just with these first defining steps negligently taken, my teacher confused me by provoking us with contradictory statements. On the one hand, he criticized the Western countries, especially the United States, for their conviction that they always had to play the world's police. On the other hand, he was indignant at human right violations and political manners in relation with specific cultures. That day, I was inexperienced enough to believe in a single correct answer. But who could tell me how one could know which norms and values are the better ones, and who may be allowed to define „better"? My Ethics teacher anyway couldn't.

A year later a Syrian friend and I were sitting in front of Walmart. New Mexico's sky was oppressively blue, not a single cloud slid itself in front of the unbearably bright sun. Sadness was shining through my friend's glazed eyes as she tried to explain what my German self could never realistically imagine: the impacts of a civil war on her daily life, the constant fear of losing a loved one. Just the solemn attempt to put myself in her situation created incredible pain. But that night another pain kept me from falling asleep: Which self-given moral duties do societies have to fulfill? Should a country really play the world's police? How could a country even approach this with limited resources, or if it does not implement basic human rights at all, like the United States? Yet: Can we let people, actively or passively, die?

I remember how my Ethics teacher laughed at me. Every time when I accompanied a sick person to a doctor's office to make sure they were fine, every time when I explained that another friend of mine needed an immediate conversation last night. He thought I cared too much about people, in my daily behavior as well as in my ethical considerations. He told me caring that much would not be worth it because I could not make a difference anyways. I took it with a smile.

I have understood why he came to that conclusion considering his circumstances and I have been thankful to get to know his perspective and way of thinking. But, after experiencing UWC[1] – USA for one and a half years, I have now passed my own and individual judgement: Shall it be putting a smile on a friend's lips after a little crisis or evaluating that I do not want to watch people die in Syria – I can make a change.

Recently, my Syrian friend asked me how I am able to always be in such a contagiously good mood. I told her I finally felt free: „I am ready to explore new things and excited to face bigger challenges. I know I will improve this world at least a little bit, and growing towards this aim day by day makes me incredibly happy."

Von Amélie Sophie Vavrovsky

„Bisasam, Bisaknosp, Bisaflor." 4-year old me is sitting on the floor, over a stack of Pokémon cards trying to memorize the 151 monsters pictured on the them. It was my brother, 4 years older than me, who ignited my passion for

---

[1] UWC ist die Abkürzung für United World College. Der Name College ist irreführend; tatsächlich verbringen 200 Schüler aus über 80 verschiedenen Ländern die letzten beiden Jahre des Gymnasiums an einem United World College.

Pokémon. So I decided to borrow his stack and memorize all the names so that I could compete with him the next day. I spent my afternoon memorizing and indeed won our next game. Of course, this was a great achievement for me, but eventually my parents found out about the incident. They did not share my pride, but they realized that I had a gift for picking up on words. After coming to this conclusion, they wanted me to move away from Pokémon and challenge myself with something else that required learning new words: a different language. They soon sent me to a French-speaking school, the Lycée Français de Vienne.

As I entered the classroom, I was surrounded by unfamiliar sounds, which I could not make sense of. The teacher went over what I assumed were the playground rules. „Tu ne dois pas grimper les arbres,“ my mum looks confused as she hears my reply to how my first day was. She immediately noticed how lost I felt, foreign to my own city.

My first two months were a blur, dominated by the sensation of isolation and the deep longing to be part of this new community. After a long and difficult process, though, I eventually became fluent in French. I started to understand how valuable it was to be able to communicate in a foreign language in order to feel connected to a new group of people. Suddenly, I was being accepted and could accept and understand others better.

From there emerged a profound passion and fascination for languages. I discovered that mastering languages was a key to connecting with people instantly and starting a process of exchange and mutual understanding regardless of our different backgrounds.

My passion for language grew and I started to acquire linguistic skills in Latin, ancient Greek, English, Spanish and Russian. As I progressed I got hungry for more and started to teach myself Mandarin through a computer program. I started to actively look for opportunities that would put me in the same position I was in when I started at Lycée, only that this time I would have studied beforehand the language to communicate basic needs. I wanted to increase my understanding for cultures different from my own and by then knew that best way to do so was through direct exposure. I organized and participated in several exchanges to Australia, Russia, Spain and France, which have shaped me significantly. This cross-cultural exchange peaked when I decided to apply to my current school, the United World College in the USA, where I learn and live with students from over 80 countries and innumerous cultural and socio-economic backgrounds.

Hearing countless stories about lack of education every day, I felt that I had to take action. This summer my Malaysian friends and I organized our own

SEED (Student Engagement in Education Development) project to help refugee children who, in theory, are protected by the UN, but are not recognized by the country of Malaysia, meaning that they have no access to public education. I taught preschool to primary 4 grade children. Their English was mostly poor, which meant that I had to work with a dictionary translating important phrases into their language, Chin. Once again, language helped me build a strong connection to other people, and allowed me to achieve my goal of helping others.

I wondered how I could help increase availability of education in the long run to sustainably break this vicious circle of poverty. Finally I came to the conclusion that I wanted to study politics and international law to actually change the policies that cause these problems.

Beispiel 4

Von Nils Tangemann

My sexual orientation has never been a big deal; neither for me, nor for my parents nor for anyone else around me. Growing up in one of the most liberal countries in the world, Germany, it was never a big deal for me to say: „Yes, I am gay!" When my mum asked me whether I had a girlfriend, I simply answered I did not have a girlfriend, but a boyfriend instead, and that was okay. When someone at school asked me for a girlfriend, I showed them a picture of my boyfriend instead, and no one cared. I never experienced any borders of tolerance, but I also never learned to appreciate the freedom I had in my open-minded home country.

It was not until the time when I first came to UWC that I heard different stories about homosexuality. I had some tough experiences here that made me come to terms with the fact that homosexuality is not as accepted as I thought it was and as it should be. When I said that I was gay, I mostly got positive responses and I continued to be accepted for what I am, but there were always people who responded with silence upon my coming out. While I never got any opposing reactions to my homosexuality, the silence hurt twice as much because I knew from my friends that people were talking behind my back, expressing their sometimes very negative opinion about homosexuality. It was clear to me that their negative view of homosexuality was not because they were bad people, but because they simply had lived in a completely different environment before they came to UWC.

I felt like I had to change something when a friend from Namibia came out to me as bisexual. He was so afraid to tell me that he was sweating and shivering and almost started crying when I finally got to know. He told me he was so scared because it was not accepted in his home country, and I was the first one he ever told. I could not imagine the pain he must have gone through while he had to hide his true personality for so long.

Experiences like these made me become an activist at UWC. I wanted to change our community into one where everyone can have the same experience I had in my home country, where no one has to be afraid to tell others who they really are, and where everyone can say „I am gay!". Together with the gender and sexuality group, I organized events like the „Transgender Day of Remembrance" and a „Coming Out Week" to reach this goal. The silence continued. A lot of people participated in the events that were supposed to raise awareness, but all the people that still had negative opinions about homosexuality did not bother to show up. Our goal was never to convince them that being gay has to be accepted, our goal was to hear their opinion and have a discussion about it in order to also understand their point of view.

Until this day, this situation has not changed, but I continue to fight hard towards a community in which issues like this can openly be discussed, and in which everyone can show around the picture of his or her girl or boyfriend. My time at the United World College made me appreciate the community in which I grew up, and also made me realize that not everything is for granted. I believe it gave me the tools to change something in the world, whether it is the acceptance of homosexuality or other topics I am passionate about. This has only been the start towards doing my part towards a better future. The world still has way to go, and I am fighting for it.

3.5   STEP 4: Common-App-Profil anlegen, ausfüllen und vervollständigen

3.5.1   Common App

Bevor wir jede Sektion der Common App Schritt für Schritt durchgehen, musst du dir zuerst auf diesem Portal ein Profil anlegen. Bitte gehe dazu auf www.commonapp.org. Hier klickst du auf „create an account". Dann musst du zunächst deine E-Mail-Adresse eingeben und dein gewünschtes Passwort festlegen. Im nächsten Schritt musst du deinen exakten Namen angeben, genau so, wie er in deinem Pass erscheint. Neben anderen persönlichen Angaben musst du hinzufügen, dass du dich als „First-Year Student" (Erstjahresstudent) bewirbst und ein „Applicant planning to enroll within the next 12 months" (Bewerber, der plant, sich innerhalb der nächsten 12 Monate bei einer Universität einzuschreiben) bist.

Profile Hier werden persönliche Informationen, Adresse, Kontaktinformation, demografische, geografische und sprachliche Informationen, die Staatsangehörigkeit und der Bedarf an Befreiung von den Bewerbungsgebühren (siehe Abschn. 2.1.8 Application Fees) erfragt. Es versteht sich von selbst, dass hier die höchste Priorität die Richtigkeit aller Angaben ist.

Die Untersektion „Demographics" verdient hier besondere Aufmerksamkeit. Um jeglicher Diskriminierung vorzubeugen, kann man sich dazu entscheiden, keine Angaben zu Religion und Ethnizität zu machen. Wer jedoch mögliche positive Diskriminierungseffekte im Bewerbungsprozess ausnutzen möchte, sollte diese Informationen vor allem dann zur Verfügung stellen, wenn er oder sie einer sehr exotischen und seltenen Religion und Ethnizität angehört. Wie schon erläutert, wollen die Colleges nämlich meist eine hohe Diversität in ihrer Studentenschaft erreichen und die entsprechenden Angaben können den Admission Officers helfen, diesen Faktor zu bewerten.

Wenn du ernsthafte Probleme beim Aufbringen der Bewerbungsgebühren für die Colleges hast, dann *(und nur dann!)* solltest du die Frage, ob du dich für einen „Common App Fee Waiver" qualifizierst, mit Ja beantworten.

Family In dieser Sektion wird nach der aktuellen Wohnsituation, den Eltern und den Geschwistern gefragt.

Education Hier werden Informationen über die vom Bewerber besuchten weiterführenden Schulen (Secondary Schools) erfragt, über mögliche Unterbrechungen des normalen Schulwegs (auch Schulwechsel, zu frühe oder späte Beendigung der Schullaufbahn, längeres Aussetzen wegen Krankheit etc.) und über Organisationen, die möglicherweise kostenfreie Hilfestellung zur Bewerbung des Kandidaten geleistet haben.

Wenn du deine aktuelle Schule angibst, musst du auch die Kontaktinformationen deines Counselors angeben. Im Fall, dass deine Schule keinen College Counselor besitzt, gib bitte die Kontaktdaten deines Schulleiters an.

Falls du die normale Schullaufbahn unterbrochen hast, solltest du diese Unterbrechung und die Gründe dafür ehrlich beschreiben. Du kannst diesen Text auch als Chance nutzen, die positiven Einflüsse und Aspekte der Unterbrechung hervorzuheben.

Testing In dieser Sektion wird nach den Ergebnissen der Standardized Tests gefragt. Hier kannst du die Ergebnisse von SATs und TOEFL angeben, auf jeden Fall musst du sie mithilfe deines offiziellen Collegeboard-Accounts den Colleges zuschicken (siehe Abschn. 2.1.6 Standardized Tests).

Für internationale Bewerber ist hier vor allem die Frage von Bedeutung, ob die Abschlussprüfungen in ihrem Schulsystem durch eine staatliche Behörde gestellt werden. Deutsche Abiturienten beantworten diese Frage mit Ja. Anschließend ist die Anzahl der abgelegten Abschlussprüfungen angeben. Wenn du dich in deinem letzten Abiturjahr bewirbst, gibst du 0 an. Wenn du dein Abitur schon gemacht hast, gibst du die Anzahl deiner schriftlichen Prüfungen an. Danach musst du für jede Prüfung Informationen wie Note, Prüfungsdatum und -fach eintragen.

Activities Hier ist der richtige Platz für außerschulische Aktivitäten, Hobbies, Sport, Engagement, Arbeit oder Ähnliches. Du kannst bis zu zehn Aktivitäten angeben, empfohlen sind aber weniger. Bewerber sollen nicht jede kleinste Tätigkeit aufführen, die sie bis dato in ihrem Leben ausgeführt haben, sondern sich auf die wichtigsten, in puncto Persönlichkeit aussagekräftigsten und am längsten andauernden Aktivitäten konzentrieren. Am besten gibst du die Aktivitäten auch in der Reihengfolge ihrer Wichtigkeit an, z. B. ist Aktivität 1 die wichtigste, Aktivität 2 die zweitwichtigste, usw. Besonders gern werden hier leitende Tätigkeiten oder Funktionen gesehen. Wichtig in dieser Sektion ist es, realistisch zu bleiben und sich auf seine hervorstechendsten und möglichst einzigartigen Tätigkeiten zu konzentrieren. Weiterhin wird nach der Anzahl an Stunden gefragt, die diese Aktivität pro Woche beansprucht hat. Hierbei sollte der Bewerber besonderes Augenmaß darauf richten, dass die Summe der Stunden aller Aktivitäten pro Woche wirklich realistisch ist und (ausnahmsweise) in keinem Fall übertreiben, um glaubwürdig zu sein.

▶   Tipp: Ein wichtiges Merkmal einer guten Bewerbung ist der rote Faden in den Tätigkeiten, der Antrieb und Wesen des Bewerbers erkennen lässt, sein Leitmotiv, um das sich seine vergangenen und angestrebten Lebensaktivitäten drehen.

Writing In dieser Sektion muss der Bewerber sein Personal Essay schreiben. Zum Verfassen des Essays sind ausführliche Informationen und Tipps in Abschn. 3.2 (Step 2) zu finden. Weiterhin kannst du kurze zusätzliche Informationen angeben, die bisher in der Bewerbung noch keinen Platz gefunden haben (beispielsweise Beeinträchtigung der Leistungen und Aktivitäten durch eigene Krankheit, den Tod Angehöriger, die Scheidung der Eltern etc.). Hier musst du zudem ehrlich die Frage beantworten, ob du schon einmal wegen eines Strafdeliktes verurteilt wurdest (adjucated delinquency). Einen Lebenslauf (Resume) kannst du in dieser Sektion seit ein paar Jahren nicht mehr anhängen, es sei denn, dass ein College in seinem Ergänzungsbogen speziell danach fragt (siehe Abschn. 3.5.3 Supplement).

3.5.2   Recommendation Letters

Auf dem Common-App-Portal gehst du auf My Colleges. Hier wählst du die Universität aus, für die du in diesem Schritt deine Empfehlungsschreiber festlegen möchtest. Dann gehst du auf den Bereich „Recommenders and FERPA".

Hier musst du zunächst die FERPA Release Authorization ausfüllen. Das bedeutet, dass du dich dazu bereit erklärst, dass für dich Zeugnisse und Empfehlungen eingereicht werden, ohne dass du diese vorher selbst siehst.

Jetzt kannst du deinen Counselor, also deinen Schulleiter, via E-Mail einladen. Dies funktioniert auch für deine Lehrer und eventuelle andere Empfehlungsschreiber so. Diese erhalten via E-Mail einen Link, der sie online ein Empfehlungsschreiben für dich hochladen und einige Fragen zu deiner Person beantworten lässt.

Am besten fragst du deine Lehrer und deinen Schulleiter schon im Sommer vor deiner Bewerbung, ob sie bereit sind, ein englisches Empfehlungsschreiben für dich abzugeben. Erkläre ihnen, wie die Common App funktioniert und schreibe ihnen nochmal zur Erinnerung eine Liste deiner Fächer und Aktivitäten, die du innerhalb der Schule ausgeführt hast. Selbstverständlich nennst du ihnen auch die Deadline, bis wann die Bewertung spätestens hochzuladen ist. Wenn du sie rechtzeitig kontaktierst, kannst du sie auch freundlich bitten, die Schreiben schon ein bis zwei Wochen vor der absoluten Deadline einzureichen. Du kannst bei der Common App an einem grünen Punkt erkennen, ob deine Empfehlungsschreiber ihre Aufgabe erfüllt haben.

3.5.3   Supplement

Auf dem Common-App-Portal gehst du auf My Colleges. Hier wählst du die Universität aus, für welche du das Writing Supplement ausfüllen möchtest. Dort siehst du die Extrafragen, die das College dir stellt. Auch hier ist es wieder immens wichtig, dass du dich an deinen roten Faden hältst. Zudem solltest du in deinen Antworten die Essenz deiner Persönlichkeit mit dem Profil des Colleges verbinden. Was sind deine Lebensziele, und wie kann das College dir helfen, diese zu erreichen? Warum ist gerade dein Beitrag wertvoll für das entsprechende College?

Hier solltest du intensiv über das College recherchiert haben, und dir sehr genau bewusst sein, warum du es besuchen möchtest. In deinen Antworten solltest du speziell auf das College und seine angebotenen Sonderprogramme eingehen und diese mit deinen eigenen Zielen verbinden. Auch hier kannst du gerne wieder Geschichten erzählen.

Im Folgenden drei Beispiele aus dem New York University Supplement aus der Bewerbungssaison für den Studienstart im Herbst 2013, die meine eigenen Antworten zeigen.

Beispiel 1

Frage

For which NYU campus would you like to be considered?
Tell us why you have chosen this campus.

Antwort

As a half-Iranian who has grown up in Germany, I've always had two lenses on this world: A Western one and one of a folk that is strange to most Germans.

I left home with 15, striving for more lenses. My life at UWC-USA added views that I gained from my international classmates and the people I met in our poor town there. I learned „across the disciplines".

In 2013, I'll continue my path: I believe that the ability to empathize with any human is the key qualification for peaceful activism and global leadership.

NYU Abu Dhabi is that path: it works across the disciplines and ensures an international student body; it is the Global Network University. NYU Abu Dhabi adds lenses.

Beispiel 2

Frage

NYU's global network provides students with hundreds of academic areas of interest for students to cultivate their intellectual curiosity and to help achieve their career goals. Whether you are entirely undecided about your academic plans or you have a definitive program of study in mind, what are your own academic interests? Feel free to share any thoughts on any particular programs or how you might explore those interests at NYU on any of our campuses.

Antwort

„China's growth is too massive to be sustainable", an American friend claimed, „In no later than 10 years it will collapse". „In my view you can't base this statement just on GDP data", I replied, „We have to see what China's growth relies on. What are factors for its resources' endurance? Imagine China's people changed their ethical views and revolted against its regime, just like the Middle East. That would influence China's economy. I don't know how likely this is, I just believe in linking our fields of knowledge and research new concepts instead of relying on outdated theories. What do you think?"

Later, when I read through an NYU Abu Dhabi Brochure, I read a quote by an NYUAD student that exactly expressed my idea from earlier: „In a globalized world, we are constantly faced with situations that don't have a standard resolution, so we have to be prepared to invent something new, abandon preconceptions, and face the concrete reality." I got really excited, and when I learned more about the concept of „working across the disciplines", it truly roused my passion for NYUAD: At NYUAD I'll link my passion for the social sciences Philosophy, Politics and Economics, to the natural sciences in order to derive the best methods for my research. Our minds and studies not only need to adapt quickly to this globalized world – but excel the old systems to ensure forward-thinking actions. Being the interdisciplinary Global Network University, that's exactly what NYUAD is about.

Beispiel 3

Frage

What intrigues you? Tell us about one work of art, scientific achievement, piece of literature, method of communication, or place in the world (a film, book, performance, website, event, location, etc.), and explain its significance to you.

Antwort

When I sat on my cozy couch absorbed by Hermann Hesse's Siddhartha, there were times when I felt like Rembrandt's Philosopher. Siddhartha and I shared the same questions about this world, however his need to experience a hundred ways of living before finding his seemingly inexplicable inner peace frustrated me, and allowed me to empathize with the sad old man in Rembrandt's painting.

This bond intensified by reading Sartre and Camus' work on existentialism. In reading their work, I found that Camus writes in a more optimistic manner, while Sartre's style planted an overwhelmingly negative mindset in me.

Back on my couch, I remembered the Philosopher who sadly gazes at the sunlight trying to find the answers he's looking for, because he can't find enlightenment. Suddenly, I realized my personal logical fallacy: remembering Socrates' quote that had always fascinated me in my Classical Greek lessons, I whispered, „I know that I know nothing."

Now, whenever I see the painting, I think the Philosopher shouldn't be sad: I wish he could empathize with me and see the beauty that lies within our human uncertainty. Definite answers about our world would imprison creativity and wonder. Having the freedom to explore the different branches of human thought allows us to enjoy the unknown.

3.5.4 Bewerbungsgebühren

Sobald du alle Teile deiner Bewerbung auf dem Common App Portal vervollständigt hast, erscheint die Möglichkeit, die Bewerbungsgebühren mit Kreditkarte zu bezahlen. Nachdem du deine Bezahlinformationen angegeben hast, kannst du deine Bewerbung per Online-Signatur verifizieren und abschicken. Wenn dein Schulleiter bestätigt hat, dass dir die Bewerbungsgebühren erlassen werden, musst du einfach nur unterzeichnen und einreichen.

3.6 Optional: STEP 5: Um Financial Aid bewerben

3.6.1 Financial Aid

Auf der Collegeboard-Website kannst du das sogenannte CSS Profile als Bewerbung um Financial Aid ausfüllen. Dazu solltest du dich am besten einen ganzen Nachmittag mit deinen Eltern zusammensetzen und alle Steuer- und Finanzinformationen mit ihnen durchgehen. Auch hier hat die Richtigkeit aller Angaben höchste Priorität. Nach Fertigstellung kannst du das CSS Profile über dieses Portal an die Colleges schicken, bei denen du dich bewirbst. Auch das kostet leider Gebühren.

Was Sie aus diesem Essential mitnehmen können

- Das Bachelorstudium in den USA dauert vier Jahre, in denen der Student auch Kurse außerhalb seines gewünschten Hauptfachs belegen kann.
- Ein Bewerber für ein US-College muss den Prozess mindestens ein Jahr vor gewünschtem Studienbeginn in die Wege leiten.
- Zu einer College-Bewerbung in den USA gehören das Online-Formular Common App, Testergebnisse von SAT und TOEFL, Gutachten von Lehrern und Schulleitern, vorläufige Noten und das Verfassen eines persönlichen Motivationsschreibens.
- Die Entscheidung über einen Studienplatz hängt nicht nur von Noten und Ergebnissen, sondern vor allem auch von der Persönlichkeit des Bewerbers ab.

© Springer Fachmedien Wiesbaden 2015
A. V. Seyfang, *Das Bachelorstudium in den USA,* essentials,
DOI 10.1007/978-3-658-08910-8

Online-Quellen

www.bigfuture.collegeboard.org. Zugriff am 31.10.2014
www.collegeboard.com/html/academicTracker-howtoconvert.html. Zugriff am 31.10.2014.
www.commonapp.org. Stand Oktober 2014.
www.ets.org/toefl. Zugriff am 04.11.2014
www.europaeischer-referenzrahmen.de/toefl.php. Zugriff am 31.10.2014
www.internationalstudent.com/schools_awarding_aid/. Zugriff am 31.10.2014.
www.ivyleague.com/history/overview, Zugriff am 04.11.2014.
www.sat.collegeboard.org/why-sat/topic/sat/what-the-sat-tests, Zugriff am 04.11.2014.
www.owl.english.purdue.edu/owl/resource/642/01/. Zugriff am 31.10.2014

© Springer Fachmedien Wiesbaden 2015
A. V. Seyfang, *Das Bachelorstudium in den USA,* essentials,
DOI 10.1007/978-3-658-08910-8